Hacer gráficas/
Making Graphs

Pictografías
Pictographs

por/by Vijaya Khisty Bodach

CAPSTONE PRESS
a capstone imprint

A+ Books are published by Capstone Press,
151 Good Counsel Drive, P.O. Box 669, Mankato, Minnesota 56002.
www.capstonepub.com

 Books published by Capstone Press are manufactured with paper
containing at least 10 percent post-consumer waste.

Library of Congress Cataloging-in-Publication Data
Bodach, Vijaya.
  [Pictographs. Spanish & English]
  Pictografías / por Vijay Khisty Bodach = Pictographs / by Vijaya Khisty Bodach.
    p. cm.—(A+ bilingüe. Hacer gráficas = Bilingual. Making graphs)
  Includes index.
  Summary: "Uses simple text and photographs to describe how to make and use pictographs—in
both English and Spanish"—Provided by publisher.
  ISBN 978-1-4296-6101-0 (library binding)
  1. Mathematics—Charts, diagrams, etc.—Juvenile literature. 2. Graphic methods—Study and
teaching (Elementary)—Juvenile literature. 3. Mathematical statistics—Study and teaching
(Elementary)—Juvenile literature. 4. Signs and symbols—Juvenile literature. 5. Games in
mathematics education—Juvenile literature. I. Title. II. Title: Pictographs.
  QA90.B6218 2011
  001.4'226—dc22   2010042251

Credits

Heather Adamson, editor; Strictly Spanish, translation services; Juliette Peters, designer;
    Eric Manske, bilingual book designer; Wanda Winch, media researcher; Kelly Garvin,
    photo stylist; Sarah Bennett, production specialist

Photo Credits

All photos Capstone Press/Karon Dubke except page 10 (bottom) Getty Images Inc./Stone/
    Daniel Bolser, page 11 Brand X, and page 18 iStockphoto/Andresr.

Note to Parents, Teachers, and Librarians

Hacer gráficas/Making Graphs uses color photographs and a nonfiction format to introduce
readers to graphing concepts in both English and Spanish. *Pictografías/Pictographs* is designed
to be read aloud to a pre-reader, or to be read independently by an early reader. Images and
activities encourage mathematical thinking in early readers and listeners. The book encourages
further learning by including the following sections: Table of Contents, Glossary, Internet Sites,
and Index. Early readers may need assistance using these features.

Printed in the United States of America in North Mankato, Minnesota.
092010   005933CGS11

Table of Contents

Tabla de contenidos

Look at all these bunnies!
Do we have more bunnies that are
white or spotted brown?

¡Mira todos esos conejitos!
¿Tenemos más conejitos blancos o
con manchas marrones?

Let's put the animals in rows.
Then we can compare.

Vamos a poner a los animales en filas.
Luego nosotros podemos comparar.

The row of white bunnies is longer.
We have more white bunnies
than spotted bunnies.

La fila de conejitos blancos es más larga.
Nosotros tenemos más conejitos blancos
que conejitos con manchas marrones.

Using pictures is easier than using animals.
Pictographs use pictures to show how many.

Usar dibujos es más fácil que usar animales.
Las pictografías usan dibujos para mostrar
qué cantidad hay.

The pictograph shows we have more white bunnies. The key at the bottom shows each drawing means one animal.

white/
blancos

brown spots/
manchas marrones

= 1 Bunny/
1 conejito

La pictografía muestra que nosotros tenemos más conejitos blancos. La clave al pie de la página muestra que cada dibujo significa un animal.

How do most children get to school?
Let's make a pictograph to find out.

¿Cómo va a la escuela la mayoría de los niños?
Vamos a hacer una pictografía para averiguarlo.

We have kids who ride their bikes, walk, and take a bus. Pictures can help us compare.

= one child/un niño

Nosotros tenemos niños que van en bicicleta, caminan y toman un autobús. Los dibujos pueden ayudarnos a comparar.

The key shows that each picture stands for one child. Most children ride the bus to school.

Getting to School/
Ir a la escuela

La clave muestra que cada dibujo representa un niño. La mayoría de los niños va en autobús a la escuela.

Now let's make each picture stand
for two children. We change the key.
Then we draw half as many pictures.

Ahora haremos que cada dibujo represente
dos niños. Nosotros cambiamos la clave.
Luego hacemos la mitad de los dibujos.

The graph still shows the same thing.
Most children ride the bus.

= two children/
dos niños

La gráfica sigue mostrando lo mismo.
La mayoría de los niños va en autobús.

Let's use a pictograph to plan a garden.

Vamos a usar una pictografía para planificar un jardín.

Each picture stands for two seeds planted.
There is room for all our favorites!

My Garden/Mi jardín

1 picture = 2 seeds planted/
1 dibujo = 2 semillas plantadas

Cada dibujo representa dos semillas plantadas.
¡Hay espacio para todas nuestras plantas favoritas!

A pictograph can show how well our sunflowers grew. Not all the seeds sprouted.

Una pictografía puede mostrar cómo crecieron nuestros girasoles.
No todas las semillas germinaron.

We planted ten seeds. Only six plants grew.
We planted more seeds than grew into plants.

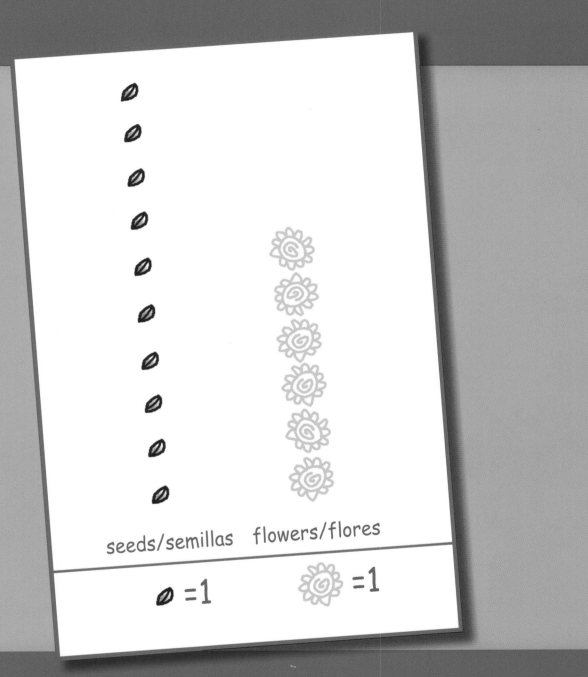

seeds/semillas   flowers/flores

🌱 =1   🌼 =1

Nosotros plantamos diez semillas. Sólo seis plantas crecieron. Nosotros plantamos semillas que se transformaron en plantas.

A pretty bunch of flowers! A pictograph can show how many flowers of each kind.

¡Un bonito ramo de flores! Una pictografía puede mostrar cuántas flores hay de cada tipo.

This pictograph shows yellow flowers are most popular in this bunch. There are the fewest white flowers.

1 picture = 1 flower/1 dibujo = 1 flor

Esta pictografía muestra que las flores amarillas son las más populares en este ramo. Hay menos flores blancas.

We are getting ready for a big party.
Let's make a pictograph of the
party supplies.

Nos preparamos para una fiesta grande.
Vamos a hacer una pictografía de los
artículos para la fiesta.

Each picture stands for five items. We need lots of balloons but only a few candles.

Party Supplies/
Artículos para la fiesta

balloons/
globos

plates/
platos

napkins/
servilletas

candles/
velitas

1 picture = 5 / 1 dibujo = 5

Cada dibujo representa cinco artículos. Nosotros necesitamos muchos globos pero sólo unas pocas velitas.

23

Milk, juice, or soda pop?
Which party drink will kids choose?

¿Leche, jugo o gaseosa?
¿Qué bebida elegirán los niños en la fiesta?

Juice was the most popular choice.
Fewer kids drank soda or milk.

favorite drink / bebida favorita

1 picture = 2 drinks
1/2 picture = 1 drink

1 dibujo = 2 bebidas
1/2 dibujo = 1 bebida

El jugo fue la elección más popular.
Menos niños bebieron gaseosa o leche.

Are more kids wearing party hats
or using noise makers?

¿Hay más niños con sombreros de fiesta
o usando cornetas?

The pictograph shows that more kids are wearing hats than are blowing noise makers.

= one noise maker/
una corneta

= one hat/
un sombrero

La pictografía muestra que hay más niños con sombreros de fiesta que usando cornetas.

What kinds of food do you eat most? Fruits and vegetables? Grains? Dairy or sweets? Make a pictograph and compare.

¿Qué tipos de comida comes más? ¿Frutas y verduras? ¿Cereales? ¿Lácteos o dulces? Haz una pictografía y compara.

How does your eating change when you are in school, home on weekends, or on vacation?

¿Cómo cambia lo que comes cuando estás en la escuela, en tu casa los fines de semana o de vacaciones?

Glossary

compare—to judge one thing against another

graph—a picture that compares numbers or amounts; graphs use bars, lines, or parts of circles to compare

key—a list or chart that explains symbols on a graph

popular—most liked or used most often

row—a line of things arranged side by side

Internet Sites

FactHound offers a safe, fun way to find Internet sites related to this book. All of the sites on FactHound have been researched by our staff.

Here's all you do:

Visit *www.facthound.com*

Type in this code: 9781429661010

 Check out projects, games and lots more at www.capstonekids.com

Glosario

la **clave**—una lista o tabla que explica los símbolos de una gráfica

comparar—juzgar una cosa confrontada con otra

la **fila**—una línea de cosas ordenadas una después de la otra

la **gráfica**—un dibujo que compara números o cantidades; las gráficas usan barras, líneas o partes de un círculo para comparar

popular—que gusta a todos o que se usa con más frecuencia

Sitios de Internet

FactHound brinda una forma segura y divertida de encontrar sitios de Internet relacionados con este libro. Todos los sitios en FactHound han sido investigados por nuestro personal.

Esto es todo lo que tienes que hacer:

Visita *www.facthound.com*

Ingresa este código: 9781429661010

Index

Índice